# DIE BOTSCHAFT
# DER ENGEL

Vanessa Lampert

# DIE BOTSCHAFT DER ENGEL

Aus dem Englischen
von Caroline Klima

nymphenburger

© Vanessa Lampert

Designed by David Fordham
Illustrations by Emma Garner
Titel der Originalausgabe: Angel Messages
First published 2001 by Cima Books

© für die deutschsprachige Ausgabe nymphenburger
in der F.A. Herbig Verlagsbuchhandlung GmbH, München, 2001.

Satz: MATS, Southend-on-Sea, Essex
Druck und Binden: Tien Wah Press, Malaysia

ISBN 3-485-00867-2

Besuchen Sie uns im Internet unter:
www.herbig.net

# INHALT

# EINLEITUNG

DIE MENSCHHEIT ERFÄHRT soeben eine unglaubliche Wandlung, da immer mehr Menschen sich der Präsenz von Engeln bewusst werden, eine Erfahrung, die früher nur wenigen Auserwählten zuteil wurde. Dieser außerordentliche Bewusstseinswandel befreit uns von unseren Beschränkungen, erweckt unser inneres Selbst, sodass wir die nächste Stufe der Entwicklung erreichen: den Sprung zu einer erleuchteten und spirituellen Daseinsform.

Engel sind ein wichtiger Teil unserer Kultur. Von der Malerei Michelangelos und Raphaels bis zu den wunderschönen Cherubim Botticellis sind Engel überall gegenwärtig. Diese Gottesboten finden sich auf Grußkarten, auf T-Shirts, im Internet, in Filmen, Musik, Poesie und Büchern. Im alten Testament wird der erste Engel als Kreatur mit vier Flügeln und vier Gesichtern beschrieben, die von Feuer und Blitz umgeben erscheint. Andere biblische Engel sind uns vertrauter: Ein Engel hielt Abraham davon ab, seinen Sohn Isaak zu töten. Im neuen Testament lesen wir von Erzengel Gabriel, der Maria die bevorstehende Schwangerschaft verkündet, und es wird gesagt, dass Gabriel das Horn blasen wird, das die zweite Ankunft Christi ankündigt. Im Islam erscheint Mohammed derselbe Engel, der den Geist der Wahrheit verkörpert. Kabbalistische Texte lehren, dass über jedem von uns sein Schutzengel schwebt.

6

## SCHUTZENGEL

WIR ALLE HABEN EINEN SCHUTZENGEL, der uns von Geburt an begleitet und uns in die Nachwelt führen wird, wenn wir dieses Leben verlassen. Es gibt auch noch andere Engel, die uns bei verschiedenen Anlässen begleiten. Einige sind nur kurz bei uns, um uns in einer schwierigen Zeit unseres Lebens beizustehen, andere scheinen für eine Ewigkeit bei uns zu verweilen. Sie lieben es, mit uns zu kommunizieren. Und wenn die Grenzen, die sie normalerweise von uns fernhalten, einmal überwunden sind, gibt es für sie kein Zurück mehr. Gelegentlich werden Sie sie sogar um eine Pause bitten müssen, weil ihre Freude darüber, endlich zu uns durchgedrungen zu sein, grenzenlos ist.

Es sind viele Fälle bekannt, in denen Engel Menschen in Gefahr geholfen haben. Viele Leute haben ihre Erfahrungen mit Schutzengeln in lebensgefährlichen Situationen dokumentiert. Bei der ersten solchen Erfahrung, an die ich mich erinnern kann, war ich etwa sechs oder sieben Jahre alt. Ich ging regelmäßig mit meiner Mutter in einem sehr geschäftigen Teil Londons, in dem wir lebten, spazieren. Wir überquerten die Straße stets an der gleichen Ampel, doch damals, so erinnere ich mich, sagte mir eine Stimme, ich dürfe hier unter keinen Umständen hinübergehen.

Meine Mutter verstand nicht, warum ich mich so strikt weigerte, gab jedoch schließlich nach. Nur Sekunden später stürzte eine riesige Glasplatte aus dem Bürogebäude neben uns zu Boden – genau dorthin, wo wir gewesen wären, wenn wir die Straße überquert hätten. Ich bin sicher, dass wir auf der Stelle tot gewesen wären.

Eine weitere Erfahrung hatte ich 1975, als ich mit dem Wagen fuhr und meine zwei Jahre alte Tochter im Babysitz bei mir hatte. Ich fuhr langsam eine Anhöhe hinauf, als ich hinter einem in zweiter Spur geparkten Lastwagen anhalten musste. Wegen des Gegenverkehrs konnte ich nicht überholen.

Der Lastwagen begann zurückzurollen und ich saß in der Falle. Doch plötzlich blieb er stehen – nur wenige Zentimeter vor meiner Windschutzscheibe. Ich hatte das Gefühl, eine unsichtbare Kraft würde ihn abfedern. Heute weiß ich, dass mein Schutzengel seine Schwingen zum Schutz über mich gebreitet hatte.

Als meine Tochter und ich auf die Polizei warteten, hörte ich meinen Engel zu mir sagen, dass er mich beschützt hätte und immer beschützen würde. Dieses Gefühl des Behütetseins war überwältigend und unbeschreiblich. Als mein Mann nach dem Auto sah, kam er sichtlich geschockt zurück. Er konnte nicht verstehen, wie wir überlebt hatten, denn es gab keinen Grund dafür, dass der Lastwagen mein Auto nicht zerquetscht hatte.

## ENGEL UND SINNE

WIR KÖNNEN UNS DER ENGEL auf vielerlei Arten bewusst werden. Sie können jeden unserer Sinne ansprechen. Ich bemerkte oft einen Hauch von Parfum oder den Duft frisch geschnittener Blumen, die die Präsenz meiner Engel bestätigten. Viele Leute sehen ihre Engel als Personen, am Bettende, wenn sie entspannt sind, oder in ihren Träumen, in denen sie vielleicht eine wichtige

Botschaft überbringen. Manche können ihre Stimmen klar und deutlich hören, während andere geistig durch Gedanken oder intuitive Antworten mit ihnen kommunizieren. Wieder andere „fühlen" ihre Energie, die durch ihren Körper vibriert, wie Gänsehaut oder, was bei mir der Fall ist, wie das Prickeln von schwacher elektrischer Spannung.

Dass Ihre Engel zu Ihnen sprechen, erkennen Sie daran, dass Sie starke Freude, Harmonie und Liebe verspüren. Wenn Sie sich Ihrer Offenheit für diese wunderbaren Gefühle bewusster werden, werden Sie sich regelmäßig mit Engeln verbinden wollen, um neuen Schwung zu erhalten. Durch Kommunikation mit Engeln kommen Sie mit sich selbst und den Menschen besser zurecht.

Manchmal helfen uns Engel durch andere Menschen. Wenn man schwerwiegende Probleme hat, ist es oft erstaunlich, dass von unerwarteter Seite Hilfe kommt oder ein Fremder dann für einen da ist, wenn die Freunde es nicht sind. Zufällig erscheinende Akte der Nächstenliebe werden von Engeln inspiriert. Dies ist sicherlich die häufigste Art, wie sie uns im alltäglichen Leben helfen.

Diese Engelsbotschaften hier wurden empfangen. Sie werden Sie ermutigen, Ihre Sinne, einschließlich des „sechsten" Sinnes, auf eine Weise zu erweitern, die Sie nie für möglich gehalten hätten. Ihr Leben wird sich ändern, weil Sie die Welt sehen wie nie zuvor, reicher an Farbe, Leben, Liebe und Harmonie.

## WOHLTATEN DER ENGEL

NUN, DA SIE BESCHLOSSEN HABEN, mit der Gegenwart von Engeln zu leben, könnte das Leben einen anderen Sinn bekommen. Durch die Botschaftskarten werden Sie sich mit sich selbst im Reinen fühlen, Kraft schöpfen und wissen, dass Sie niemals allein sind – Ihre Engel sind stets da. Die Botschaften helfen Ihnen, sich selbst zu verstehen und zu erkennen, wer Sie wirklich sind.

Manche Menschen fragen sich, ob sie wirklich Engel hören. Denken Sie daran, Engel führen, schützen und lieben Sie. Zornige, verletzende Wort sind keine Botschaften der Engel. Wenn Sie Worte hören, die böse sind und Schaden anrichten können, suchen Sie professionelle medizinische oder spirituelle Hilfe auf.

Um die Werke der Engel besser zu verstehen, kann man sich die Grenze zwischen dem eingeschränkten menschlichen Denken und der freien Kommunikation mit dem Engelreich als einen Nebelvorhang vorstellen. Der Kontakt zu den Engeln öffnet schmale Spalten im Vorhang, die uns einen Blick in die höheren Sphären dahinter erlauben. Wenn sich mehr von uns mit dem Engelsreich verbinden, könnte der Vorhang völlig verschwinden. Ich hoffe, dass wir in Zukunft gemeinsam mit Engeln existieren und Teil dieser neuen Welt sein können.

# Kapitel eins

## Mit Engelsbotschaften arbeiten

In der Arbeit mit den Karten werden Sie eine spirituelle Wandlung erfahren, die Ihre Kommunikation mit den Engeln unterstützt. Sie können sich damit auch Soforthilfe holen, um mit sich und den Menschen um Sie ins Reine zu kommen. Sie können Ihre Engel etwa um Rat bitten oder eine direkte Frage stellen. Wir haben auch Farbcodes angebracht, um die Interpretation zu erleichtern.

### Die Bedeutung der Kartenfarben

LILA       SPIRITUALITÄT UND ENTWICKLUNG

ROSA       LIEBE UND BEZIEHUNGEN

GRÜNBLAU       HEILUNG, SOWOHL PERSÖNLICH ALS AUCH AUF UNIVERSELLEM NIVEAU

GELB       KARRIERE, IDEEN UND KREATIVITÄT

SIE KÖNNEN ALLE 52 KARTEN LEGEN oder den Stapel nach Farben teilen, um sich auf einen Lebensbereich zu konzentrieren.

# MIT IHREN ENGELN KOMMUNIZIEREN

## EINEN HEILIGEN ORT SCHAFFEN

BEVOR SIE BEGINNEN, wählen Sie in Ihrem Heim einen Ort, an dem Sie sich friedvoll, entspannt und behaglich fühlen.

Vielleicht schaffen Sie einen heiligen Ort oder Altar – dies kann Ihre Fähigkeit steigern, sich zu öffnen und mit Ihren Engeln zu kommunizieren. Sorgen Sie für eine entspannende Atmosphäre, indem Sie Kristalle aufstellen, Kerzen anzünden und ätherische Öle oder Weihrauch verbrennen. Vielleicht stellen Sie ein Bild Ihres Lieblingsengels hinzu. Dieser Ort eignet sich auch gut, um Ihr Kartenset aufzubewahren (die für Sie wichtigsten Karten möchten Sie vielleicht griffbereit getrennt davon aufbewahren).

Schützen Sie Ihre Karten stets vor anderen Menschen; sie sollten nur von Ihnen berührt werden. Die Karten reichern Ihre Energie an und diese Energie sollte nicht gestört werden. Bewahren Sie die Botschaftskarten daher stets in ihrer Schachtel auf oder schlagen Sie sie in ein schwarzes Seidentuch ein und legen Sie sie in eine Holzschachtel.

Wenn Sie Ihren eigenen heiligen Ort erschaffen, können Sie gewiss sein, dass jedes Mal, wenn Sie dort meditieren, etwas von Ihrer Energie gespeichert wird. Dadurch wird es für Sie immer leichter, sich an diesem Ort für das Spirituelle und die Sphäre der

Engel zu öffnen. Mit der Zeit wird es nicht einmal mehr notwendig sein zu meditieren. Das bloße Betreten des heiligen Ortes und das Gefühl einer tiefen Entspannung werden die Aufmerksamkeit Ihrer Engel erregen.

Denken Sie daran, die Engel haben lange auf diesen Moment gewartet. Sie sind hingerissen davon, dass Sie sie „hören" können, und können es nicht erwarten, mit ihren Schwingungen Ihre Sinne anzusprechen.

Vielleicht möchten Sie Ihre liebsten Methoden zur Meditation oder Visualisierung aufzeichnen, dann können Sie an Ihrem heiligen Ort auch einen Cassettenrecorder platzieren. Wollen Sie die Botschaften notieren, legen Sie auch ein Notizbuch hierher.

Manche Menschen hören beim Meditieren gerne Entspannungsmusik. Ich persönlich habe das Gefühl, dass die Energie der Engel von höherer Frequenz und feiner ist als Musik. Deshalb kommuniziere ich mit den Engeln lieber in andächtiger Stille.

Für jene, die die Möglichkeit dazu haben, ist es wunderbar, sich den Engeln in der freien Natur zu öffnen. Die Natur wird Sie anfangs beim Meditieren vielleicht ablenken, doch bald werden Sie feststellen, dass sie Ihre Empfangsbereitschaft vergrößert. Damit meine ich, dass Sie sich auf das kollektive Bewusstsein der Menschheit einstimmen. Eine solche Meditation kann Ihre Verbindung zur der heilenden Energie, die aus dem Reich der Engel gesendet wird, stärken.

## WIE SIE SICH AUF IHRE KARTEN EINSTIMMEN

ES GIBT VIELE FORMEN von Meditation. Vielleicht haben Sie Ihre spezielle Art, bei der Sie sich wohl fühlen, schon gefunden, dann bleiben Sie dabei. Hier sehen Sie einige Techniken, um sich zu öffnen. Finden Sie heraus, welche Sie am besten entspannt. Denken Sie daran, dass die Übung Ihnen Freude und Vergnügen bereiten soll. Diese Meditationen sollen auch Ihre inneren Sinne wecken, um das Niveau Ihrer Schwingungen zu heben, über die physischen Grenzen hinaus, hin zu den höheren spirituellen Dimensionen der Engel. Sie sollen Blockaden lösen, die Sie bislang daran hindern, für Ihre Engel empfänglich zu sein.

### ERSTE SCHRITTE ZUM EINSTIMMEN

1. Wählen Sie eine oder mehrere Botschaftskarten aus, die Sie ansprechen. Fühlen Sie sich bei Ihrer Arbeit unterschätzt, könnten Sie eine Karte wählen, auf der steht: „Ihr Schutzengel schätzt und liebt Sie um Ihrer selbst willen – Sie sind großartig." Denken Sie darüber fünf Minuten nach und lassen Sie die positiven Gefühle Ihrer Engel zu Ihnen durchdringen.

2. Wenn Sie verspüren, dass Sie sich spirituell geöffnet haben, nehmen Sie eine Zufallskarte vom Stapel und fühlen Sie die Botschaft auf dieser Karte. Lassen Sie die Engelsschwingungen auf sich wirken. Wenn Sie Fragen haben oder Rat benötigen, fragen Sie jetzt. Doch vielleicht möchten Sie bloß im Strahlen engelhafter Liebe baden, die Sie umgibt.

## EINSTIMMUNG AUF IHREN KARTENSATZ

1. Legen Sie alle Karten mit der Bildseite nach unten auf. Wenn Sie bereit und spirituell „offen" sind, nehmen Sie je eine Karte auf. Konzentrieren Sie sich auf eine oder mehrere Botschaften, um den Energiefluss mit dem Reich der Engel herzustellen.

## PROBLEMLÖSUNG

1. Wenn Sie ein bestimmtes Problem haben, wählen Sie alle Karten aus, die die Farbe jenes Lebensbereiches haben, auf den Sie sich konzentrieren wollen. Arbeiten Sie bei Karrierefragen zum Beispiel nur mit den gelben Karten.

2. Legen Sie die Karten mit der Bildseite nach unten auf und stellen Sie Ihre Frage laut oder im Geiste, wenn Sie die Präsenz Ihres Engels spüren. Wählen Sie dann eine Karte. Diese Karte wird Ihnen helfen, die Antwort zu finden.

DIE OBIGEN VORSCHLÄGE sind nur Richtlinien. Wählen Sie die Methode, mit der Sie sich wohl fühlen. Ihre Karten sind bloß Werkzeuge, mit denen Sie mit Ihren Engeln kommunizieren lernen und ein höheres spirituelles Niveau entwickeln können.

## SCHNELLER RAT

MIT FOLGENDER FORMEL können Sie sich rasch einstimmen. Wir haben nicht immer Zeit für eine vollständige Meditation, sondern benötigen raschen Rat, wenn:

1. Sie wegen Arbeit oder Schule in Eile sind, sich jedoch noch schnell bei Ihrem Schutzengel rückversichern wollen.

2. Sie für eine schnelle Entscheidung göttlichen Rat suchen.

3. Es zu Ihrer täglichen Routine gehört, eine zufällige Botschaft auszuwählen, damit Sie sich besser fühlen.

4. Sie dringend eine himmlische Inspiration benötigen.

5. Wenn Sie einem Bedürftigen Unterstützung senden wollen.

MISCHEN Sie die Karten und heben Sie dreimal ab. Legen Sie den Stapel mit der Bildseite nach unten auf und wählen Sie eine Karte aus (manche Leute lassen sie in einem Behältnis und wählen täglich eine zufällige Karte). Lesen Sie die Botschaft und nehmen Sie sie in sich auf. Lassen Sie sich einen Moment Zeit, damit die heilende Energie jeden Teil Ihres Wesens durchdringen kann, und lassen Sie sie nach außen strahlen, damit jeder die Liebe und Zuversicht spürt.

Zur weiteren Kontemplation über Ihre Botschaft lesen Sie die Langversion für Ihre Karte in diesem Buch (Seite 37–63). Wenn Sie die Botschaft gerne lesen, wählen Sie die zufälligen Botschaften vielleicht lieber aus dem Buch als aus den Karten.

# Eine Basismeditation

LESEN SIE DIE FOLGENDEN Meditationsmethoden. Wenn Sie jene gefunden haben, die sich für Sie am besten eignet, könnten Sie sie auf Cassette aufnehmen, damit Sie nicht immer im Buch nachschlagen müssen.

Sie können diese Übung nutzen, um Fragen zu stellen oder über eine oder mehrere Botschaften zu meditieren. Setzen Sie sich zuvor bequem hin. Manche Menschen meditieren gerne im Lotussitz, bei dem man mit überkreuzten Beinen auf dem Boden sitzt. Andere ziehen einen Stuhl vor. Ziehen Sie in diesem Fall die Schuhe aus und stellen Sie Ihre Füße flach auf den Boden, damit Sie Ihre Verbindung mit der Erde „fühlen" können.

1. Begeben Sie sich an Ihren „heiligen Ort" (siehe Seite 12). Setzen und entspannen Sie sich; schließen Sie die Augen.

2. Stimmen Sie sich zunächst ein. Legen Sie die Karten vor sich auf. Stellen Sie Ihre Frage an die Engel laut oder in Gedanken und wählen Sie eine Zufallskarte. (Denken Sie daran, dass Sie, wenn es in Ihrer Frage zum Beispiel um Liebe geht, auch nur mit den rosafarbenen Karten arbeiten können.) Wenn Sie keine direkte Frage an Ihren Engel haben, ziehen Sie trotzdem eine Zufallskarte und benutzen diese als Botschaft für Ihre Meditation.

3. Achten Sie auf Ihre Atmung. Fühlen Sie, wie der Atem beim Einatmen Ihre Lungen füllt und beim Ausatmen aus Ihrem Körper ausströmt. Sie werden selbst wissen, wenn Sie für Ihre Meditation bereit sind.

4. Fühlen Sie Ihre Füße. Stellen Sie sich vor, sie würden Wurzeln schlagen, die Sie mit der Erde verbinden. Malen Sie sich aus, wie diese Wurzeln tief in den Boden wachsen, bis in die Erde hinein, wie viele Stockwerke auch dazwischen liegen mögen.

5. Konzentrieren Sie sich auf Ihren Körper. Nehmen Sie sich Zeit. Fühlen Sie, wie die Energie durch die Wurzeln hinauffließt. Jeder Atemzug bringt Energie aus dem Planeten hoch, jedes Ausatmen reduziert Stress und negative Energien.

6. Beachten Sie, wie positive entspannende Energie nach oben fließt, durch Beine, Oberschenkel, Rumpf und Arme, bis zu den Fingerspitzen, zum Hals, in den Kopf und zum Scheitel.

7. Konzentrieren Sie sich auf Spannungen und Schmerzen, während die Energie durch Sie fließt. Achten Sie darauf, wie Sie Schmerzen und Spannungen ausatmen. Wenn Ihre Gedanken zu wandern beginnen, bringen Sie sie bewusst zur Kontrolle Ihres Atems zurück. Spüren Sie, wie die Energie der höheren Dimensionen beim Einatmen in Ihren Körper strömt und jeden Teil Ihres Wesens erfüllt.

8. Fühlen Sie, wie Liebe und Energie Sie durchdringen und über Sie hinausstrahlen. Sehen Sie sich selbst aus einer Tür treten, auf eine grüne Wiese, auf der die schönsten Blumen blühen. Gehen Sie langsam über diese Wiese, bis Sie zu einem Fluss kommen. Gehen Sie den Fluss entlang bis zu einem Wasserfall, der sich in den Strom ergießt. Spüren Sie die Energie des Wassers. Gehen Sie weiter bis zu einem ruhigen, friedlichen Teil des Flusses, in den Stufen hineinführen.

9. Sehen und fühlen Sie, wie Ihr Engel Sie bei der Hand nimmt, während Sie in das warme, sanfte Wasser steigen, und spüren Sie, wie Wärme und Freude Sie einhüllen.

10. Öffnen Sie die Augen und konzentrieren Sie sich auf die Botschaft oder Botschaften. Laden Sie Ihre Engel in Ihr Herz ein.

11. Wenn Sie ein bestimmtes Problem haben, ist nun der richtige Zeitpunkt, Ihren Engel um Hilfe zu bitten. Lauschen Sie auf Ratschläge, die in Ihren Geist eindringen. Vielleicht möchten Sie einer Person, die krank ist oder Ihrer Hilfe bedarf, heilende Energie senden. Stellen Sie sie sich vor. Sie ist wohlauf und glücklich. Senden Sie Liebe und Freude aus.

12. Verfolgen Sie nun langsam Ihre Schritte zurück. Steigen Sie glücklich und erfrischt aus dem Wasser. Gehen Sie durch die Wiese, bis Sie durch die Tür wieder Ihre Welt betreten. Fühlen Sie, wie die Energie durch Ihren Körper zurückfließt, vom Scheitel zu Ihren Sohlen und Ihren Wurzeln, die tief in den Boden reichen.

13. Werden Sie sich Ihrer Zeit, Ihres Herzschlages und Ihrer Umgebung bewusst. Nehmen Sie sich Zeit, um aufzustehen und mit Ihrem Leben fortzufahren.

# Chakra-Meditation

Unser Wissen über das System der Chakren stammt aus alten indischen Texten. Chakra bedeutet im Sanskrit „Rad" und steht für Energiewirbel im Körper.

Es gibt sieben Hauptchakren in der Meditation. Diese Punkte sind miteinander verbunden – wenn ein Chakra gestört oder blockiert ist, kann es die Funktion der anderen beeinträchtigen.

Hier ist eine Zusammenstellung der wichtigsten Chakren, die Sie in Ihrer Meditation aktivieren können.

**Das erste oder Basis-Chakra**
Liegt am Ende der Wirbelsäule.
Zugehörige Farbe: Rot.
Zugehöriger Kristall, um die Energie zu steigern: Roter Jaspis oder Rotes Tigerauge.

**Das zweite oder sakrale Chakra**
Liegt im Unterbauch.
Zugehörige Farbe: Orange.
Zugehöriger Kristall, um die Energie zu steigern: Carneol.

**Das dritte oder Solarplexus-Chakra**
Liegt genau unterhalb des Brustkorbs.
Zugehörige Farbe: Gelb.
Zugehöriger Kristall, um die Energie zu steigern: Citrin oder Gelbes Tigerauge.

### Das vierte oder Herz-Chakra
Liegt im Herzen.
Zugehörige Farbe: Grün.
Zugehöriger Kristall, um die Energie zu steigern: Aventurin, Amazonit, Malachit.

### Das Fünfte oder Hals-Chakra
Liegt in der Mitte des Halses.
Zugehörige Farbe: Blau.
Zugehöriger Kristall, um die Energie zu steigern: Blauer Howlith.

### Das sechste Chakra oder das dritte Auge
Liegt in der Mitte der Stirn.
Zugehörige Farbe: Indigo.
Zugehöriger Kristall, um die Energie zu steigern: Sodalith.

### Das siebte oder Kronen-Chakra
Liegt am Scheitelpunkt oben auf dem Kopf.
Zugehörige Farbe: Violett.
Zugehöriger Kristall, um die Energie zu steigern: Amethyst.

*Anmerkung: Jeder der obigen Kristalle kann durch Bergkristall oder Rosenquarz ersetzt werden.*

Ihre Engelsbotschaftskarten können nun auf vielerlei Arten verwendet werden und Sie während Ihrer Meditation unterstützen – wie zu Beginn des Kapitels beschrieben.

Gehen Sie an einen ruhigen Platz, wo Sie nicht gestört werden, oder an Ihren „heiligen Ort" (siehe Seite 12).

1. Setzen Sie sich bequem hin. Entspannen, Augen schließen.

2. Werden Sie sich Ihrer Atmung bewusst.

3. Stellen Sie sich vor, Ihre Füße hätten Wurzeln, die tief in die Erde hineinwachsen; mit jedem Ausatmen graben sie sich tiefer und tiefer ein.

4. Wenn die Wurzeln so tief wie möglich eingedrungen sind, achten Sie darauf, wie die Energie von Mutter Erde mit jedem Einatmen in Ihren Körper fließt und ihn nährt. Jedes Ausatmen verbannt Spannungen und beseitigt Gifte.

5. Fühlen Sie, wie die Energie des Universums durch Ihre Wurzeln zum Ende der Wirbelsäule, zum Basis-Chakra, hochsteigt. Stellen Sie sich vor, hier wäre eine rote Lotusblüte, deren wunderschöne Blütenblätter sich öffnen, wenn die universelle Energie sie erreicht. Spüren Sie, wie die wunderbare Blume in rotem Licht glüht, während Sie in das Gefühl der Zugehörigkeit, des Selbst-Seins eintauchen!

6. Lassen Sie die Energie Ihre Wirbelsäule entlang hochfließen bis zum zweiten, dem sakralen Chakra. Stellen Sie sich hier eine orange Lotusblüte vor, die sich in den Energieschwingungen öffnet. Diese Blume leuchtet in orangem Licht, während Kreativität Ihr Sein durchdringt. Werden Sie sich Ihres innersten Wesens bewusst und bestaunen Sie dieses Wunder.

7. Fahren Sie in Ihrem Tempo fort, achten Sie weiter auf Ihre Atmung. Lassen Sie die Energie bis zum dritten Chakra, dem Solarplexus, weiterfließen. Stellen Sie sich vor, dass sich ein gelber Lotus einem gelben Lichtfluss öffnet. Spüren Sie, wie dieses Licht in Ihrem Körper zum Zentrum von Intuition und Wissen vordringt. Dies ist jener Punkt, an dem Sie die Gefühle anderer wahrnehmen und spüren, dass Sie Glück und Unglück der Welt fühlen können.

8. Spüren Sie, wie die Energie aufwärts fließt und Ihr viertes, das Herz-Chakra erreicht, wo ein grüner Lotus in grünem Licht vibriert. Das grüne Licht strahlt in Ihnen und strahlt aus Ihnen. Fühlen Sie den gegenseitigen Fluss von Liebe und Zärtlichkeit, die Sie aussenden und die Sie vom kollektiven menschlichen Bewusstsein, aber auch von höheren, spirituellen Sphären erhalten.

9. Der stetige Erdenergiefluss erreicht das Zentrum Ihres Halses. Hier ist das fünfte Chakra, das Hals-Chakra. Fühlen und sehen Sie die blaue Energie, die hier pulsiert, während sich eine blaue Lotusblüte öffnet. Spüren Sie, wie das blaue Licht frei zwischen Hals, Nase und Ohren fließt und dabei die Schönheit des Sprechens und die Fähigkeit, wirklich zuzuhören, verstärkt. Dies sind Ihre Verbindungsstellen zwischen Ihrer inneren Welt und allem, was jenseits davon liegt.

10. Achten Sie weiterhin auf Ihren Atem, während die Energie aufwärtsfließt und an den Punkt in der Mitte Ihrer Stirn, bekannt als sechstes Chakra oder drittes Auge, gelangt. Hier öffnet sich eine indigofarbene Lotusblüte. Fühlen Sie, wie

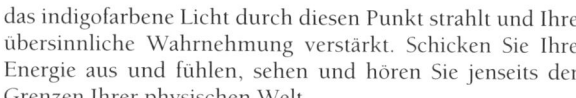

das indigofarbene Licht durch diesen Punkt strahlt und Ihre übersinnliche Wahrnehmung verstärkt. Schicken Sie Ihre Energie aus und fühlen, sehen und hören Sie jenseits der Grenzen Ihrer physischen Welt.

11. Lassen Sie nun die Energie zu Ihrem siebten oder Kronen-Chakra am Scheitelpunkt Ihres Kopfes fließen. Stellen Sie sich violettes Licht und darin eine violette Lotusblüte vor. Die Blume öffnet sich und strahlt violettes Licht durch Ihr Kronen-Chakra. Das Licht strömt über Sie hinaus, Sie werden ein offener Kanal zu den spirituellen Sphären der Engel.

12. Seien Sie sich all Ihrer Chakren als Licht- und Energiepunkte bewusst. Sie pulsieren, während die Energie von den Wurzeln Ihrer Füße ständig nach oben durch Ihr innerstes Sein fließt und darüber hinaus zu den Sternen, in die Unendlichkeit. Stellen Sie sich gleichzeitig vor, wie diese ständig fließenden Energiebänder in die höheren Gefilde reichen. Seien Sie sich bewusst, dass Sie nun eine offene Leitung sind, während das Wissen der höheren Sphären Sie durchfließt.

13. Fühlen Sie den Puls des Energieflusses, der die Farben Ihres Chakrasystems kombiniert. Nun sind Sie ein Zweiwegkanal zwischen den irdischen Energien und den Sphären jenseits.

14. Öffnen Sie die Augen. Verwenden Sie Ihre Botschaftskarten, um die Interaktion mit Ihren Engeln zu festigen. Wählen Sie eine Botschaft aus und stellen Sie dazu eine Frage. Dies ist ein Moment echter Verbindung; spüren Sie die Schwingungen und lauschen Sie auf Antworten – sie werden kommen.

15. Wenn Sie die Verbindung abbrechen, ist es wichtig, sich zu „erden". Schließen Sie dazu die Augen und stellen Sie sich vor, wie der Energiefluss an Ihrem Scheitel abebbt. Fühlen Sie, wie die Energie zurück zu Ihren Füßen fließt, wie sich an jedem Punkt die Lotusblüten schließen und in Schlummer fallen. Achten Sie dabei auf Ihre Atmung.

16. Wenn Sie dazu bereit sind, öffnen Sie die Augen und werden Sie sich Ihrer Umgebung bewusst. Lassen Sie sich Zeit, um sich wirklich zu „erden" und zur Erde zurückzukehren.

### GRUPPENMEDITATION

GRUPPENMEDITATION kann Bewusstseinszustände steigern. Die kombinierte Gruppenenergie kann zu höheren Ebenen und erstaunlichen Ergebnissen führen. Bestimmen Sie gemeinsam die Meditationsmethode. Wählen Sie eine Person, die Sie stimmlich durch die Meditation führt, oder nehmen Sie eine Cassette auf.

1. Stellen Sie sich in einem Kreis auf und fassen Sie einander an den Händen. Atmen Sie durch die Nase ein, zählen Sie bis vier. Atmen Sie mit einem sanften Ton durch den Mund aus, wobei Sie wieder bis vier zählen. Der Ton passt sich dem Atemmuster der Gruppe an.

2. Wenden Sie eine der Meditationsmethoden an und visualisieren Sie die Engel, wie Sie über Ihren Köpfen schweben. Hören und fühlen Sie die Botschaften der Engel, die ausgesprochen werden, damit die Engel jeden im Raum erreichen können.

## BOTSCHAFTSKARTEN IN DER GRUPPE VERWENDEN

SIE KÖNNEN folgende Techniken in einer Gruppe anwenden:

1. Die Person, die die Gruppenmeditation anleitet, lernt eine oder mehrere Botschaften für die Gruppe auswendig.

oder

2. Jedes Gruppenmitglied legt vor der Meditation eine Karte mit der Bildseite nach oben auf seinen Schoß. Zur richtigen Zeit löst man die Hände und liest nacheinander die Botschaften vor, damit die Gruppe darüber meditieren kann.

oder

3. Wenn die Gruppe bereit ist, werden die gemischten Karten weitergegeben, damit jedes Gruppenmitglied eine Karte nehmen und die Botschaft vorlesen kann.

GRUPPENMEDITATION ist auch sehr wirkungsvoll, um Einzelpersonen oder der gesamten Menschheit heilende Energie zu senden. Wenn die Gruppe bereit ist und auf dem Niveau der Engel arbeitet, können die Gruppenmitglieder laut aussprechen, welche Hilfe sie benötigen und für wen. Gegen Ende der Meditation kann die Gruppe Ihre kollektive Energie nützen, um der Menschheit und der ganzen Welt heilende Energie zu senden.

# KAPITEL ZWEI

## DIE ZUKUNFT MIT KARTEN VORHERSAGEN

SIE KÖNNEN IHRE KARTEN zum Wahrsagen verwenden. Die Karten verstärken nur die Kommunikation mit Ihren Engeln. Wenn Sie die Botschaften lesen, müssen Sie „spüren" können, was sie Ihnen sagen. Sie können auch Kristalle, Kerzen oder Weihrauch hinzunehmen, um Ihre seherischen Fähigkeiten zu steigern.

Wenn Sie aus Ihren Karten lesen, ist es wichtig, sich der Botschaft und der Farbe der Karte bewusst zu sein, so dass Sie wissen, in welchem Kontext sie zu interpretieren ist – Arbeit und Karriere, Gesundheit, Beziehungen oder Spiritualität.

Mit jedem Auflegeschema kann man Antworten oder Rat suchen. Halten Sie die Karten und denken Sie an das, was Sie suchen. Ob konkrete Antwort, Vorschau oder Kontakt mit Engeln – konzentrieren Sie sich darauf, während Sie mischen, abheben und austeilen. Treten Sie entspannt in Verbindung mit den spirituellen Sphären. Halten Sie die Karten mit der Bildseite nach unten, mischen Sie, heben Sie dreimal ab und geben Sie von oben.

Wenn Sie für einen anderen Menschen aus den Karten lesen, bitten Sie ihn, sich auf sein Anliegen zu konzentrieren. Er muss die Karten mischen und abheben, doch Sie müssen sie auflegen. Dazu folgen Sie einfach den Diagrammen für die Schemata.

# SCHEMA FÜR DIE GANZE PERSON

DIESES SCHEMA GIBT IHNEN einen allgemeinen Überblick über Sie selbst. Es kann für Meditationen über Ihr Leben und darüber, welchen Weg Sie nun beschreiten sollen, verwendet werden.

**Schema 1**

1 Innerster Aspekt    3 Emotionaler Aspekt
2 Intellektueller Aspekt    4 Spiritueller Aspekt

DIE ZENTRALE KARTE dieses Schemas, Nummer 1, steht für Ihr innerstes Selbst. Die anderen Karten sollten in Beziehung zu dieser Karte interpretiert werden. Die Bedeutung der Botschaft auf Position 1 besagt, was tief in Ihrem Inneren vorgeht. Die Position 2 im linken Teil des Schemas steht für Ihr intellektuelles Selbst, für die Art, wie Sie denken. Die Karte Nummer 3 repräsentiert Ihr emotionales Selbst – wie Gefühle Ihr Leben beeinflussen. Die Karte in Position 4 steht für Ihr spirituelles Selbst. Die Botschaft hier hilft Ihnen zu verstehen, wie Ihr inneres Selbst zu spirituellem Bewusstsein erwacht und wachsen kann.

## Schema für das Leben

Dieses einfache Schema zeigt die dominanten Einflüsse in Ihrer Vergangenheit und Gegenwart und kündigt an, wie Ihre Zukunft sein wird. Beachten Sie die Farben der Karten in den drei Spalten. Sie liefern zusätzliche Informationen über wichtige Lebensbereiche. Legen Sie die Karten wie folgt auf.

| Vergangenheit | Gegenwart | Zukunft |

**Schema 2**

Die linke Reihe zeigt Ihre Vergangenheit. Sie können aus den Karten lesen, welche vergangenen Einflüsse Sie hinter sich lassen. Die mittlere Reihe zeigt Ihre derzeitigen Lebensumstände, Ihre Ziele, die beste Vorgangsweise und Ihre Ansichten. Die rechte Reihe, die Zukunft, steht für das, was vor Ihnen liegt, das mögliche Ergebnis Ihres gegenwärtigen Kurses.

# Kreuzschema

Dieses Schema kann für allgemeine und spezielle Fragen verwendet werden. Es zeigt Gegenwart, Vergangenheit und Zukunft und kann auch einen generellen Überblick über Ihr Leben geben.

Achten Sie auf die Bedeutung der Position einer Botschaft. Konzentrieren Sie sich auf die Botschaft an dieser Stelle und verstehen Sie, was Ihnen übermittelt wird. Die farbigen Hintergründe verweisen auf die in dieser Zeit wichtigen Lebensbereiche.

**Schema 3**

3

 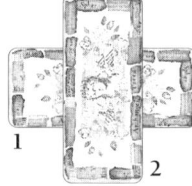

6    1

2

4

1 Ihre gegenwärtige Position
2 Was Ihnen begegnen wird
3 Zukünftige Einflüsse
4 Was aus Ihrem Leben scheidet

5 Was hinter Ihnen liegt
6 Was vor Ihnen liegt

Die Karte in Position 1 steht für die Gegenwart. Karte 2 zeigt, was Ihnen hier begegnet – etwa ein bedeutendes Ereignis oder Thema. Karte 3 weist eine Botschaft auf, die Ihre Zukunft beeinflussen wird, während Karte 4 etwas repräsentiert, das Sie hinter sich lassen. Karte 5 steht für die Vergangenheit, vielleicht für etwas, was Sie nicht beachtet haben, oder für eine Lektion, die Sie gelernt haben. Karte 6 ist Ihre Botschaft für die Zukunft.

## HUFEISENSCHEMA

Die sieben Karten dieses Schemas legt man von links nach rechts. Es eignet sich ideal, um Ihre Entwicklung von der Vergangenheit in die Zukunft aufzuzeigen und Fragen zu stellen. Es schenkt Ihnen nicht nur Einsichten in das, was rund um Sie vorgeht und was Menschen über Sie denken, sondern zeigt Ihnen auch Hindernisse, die Ihren Fortschritt beeinträchtigen können.

Karte 1 repräsentiert die Vergangenheit, während Karte 2 markiert, wo Sie jetzt stehen. Karte 3 ist die Zukunft, Karte 4 zeigt den besten Weg auf, um dorthin zu gelangen. Karte 5 enthüllt, was an Ansichten und Einflüssen (inklusive ihrer Auswirkungen) rund um Sie vorgeht. Karte 6 hilft Ihnen, Hindernisse auf dem Weg zu Karte 7, dem endgültigen Ergebnis, zu erkennen.

## Schema 4

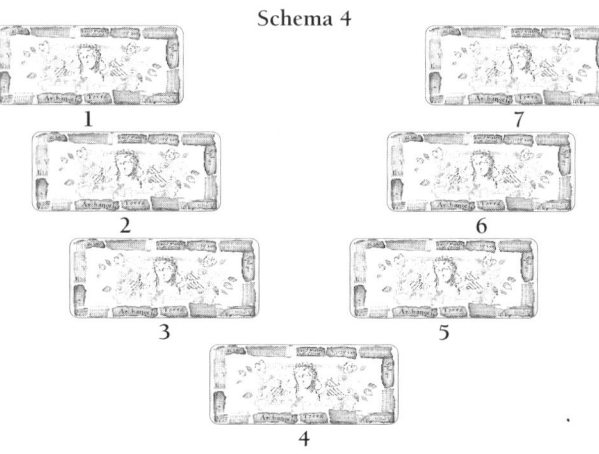

1 Die Vergangenheit
2 Gegenwärtige Umstände
3 Zukünftige Bedingungen
4 Die beste Verfahrensweise

5 Ansichten und Einflüsse
6 Hindernisse auf dem Weg
7 Endgültiges Ergebnis

## STERNSCHEMA

DIESES SCHEMA VERDEUTLICHT SEHR GUT, was in Ihrem Inneren vorgeht. Es zeigt Ihnen jeden Konflikt zwischen Ihrem intellektuellen und Ihrem emotionalen Selbst, sowohl bewusst als auch unbewusst, und eignet sich hervorragend, um sich selbst und Ihren spirituellen Weg zu verstehen. Die Karten können zur Meditation und für spezielle Fragen ausgelegt werden.

**Schema 5**

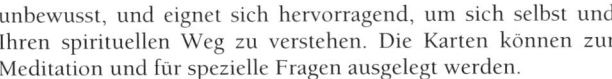

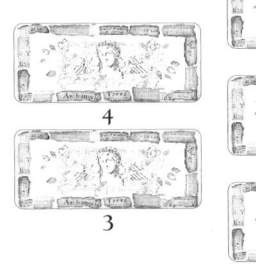

1 Der Kern der Sache/
  Ihres Selbst
2 Die Gegenwart
3 Intellekt

4 Verlangen
5 Emotionen
6 Was sich erst entfalten wird
7 Das Ergebnis

KARTE 1 KANN ENTWEDER eine Frage sein oder die Person, für die Sie die Karten legen. Karte 2 zeigt die gegenwärtige Position. Karte 3 enthüllt Ihre derzeitige Geisteshaltung. Karte 4 zeigt, wonach Sie sich, bewusst oder unbewusst, sehnen. Karte 5 hilft Ihnen, Ihre Gefühle zu verstehen. Karte 6 gibt den Blick frei auf etwas, was sich erst entfalten wird. Karte 7 steht für das Ergebnis.

*Wie Sie eine Frage stellen:* Sie müssen an Ihre Frage denken, die Karten mischen, dreimal abheben und die Karten fächerförmig auflegen. Drehen Sie eine um und meditieren Sie über deren Botschaft.

## MIT DEN BOTSCHAFTSKARTEN PENDELN

ZUM PENDELN GIBT ES VIELE DINGE aus Metall oder Kristall. Es ist egal, was Sie nehmen. Für die richtigen Resultate könnten Sie sogar einen Ring oder Baumwollgarn verwenden.

Welches Pendelinstrument Sie auch nehmen, Sie müssen es vor jedem Mal „einstimmen". Halten Sie es dazu mit einer Hand über der Mitte Ihrer anderen Handfläche. Fragen Sie, welche Richtung es für „ja" wählt, und warten Sie, bis es sich dreht (meist im Uhrzeigersinn) oder pendelt (meist von links nach rechts). Fragen Sie dann nach „nein". Häufig ist es die Gegenrichtung zu „ja".

Legen Sie sechs bis acht Karten mit der Bildseite nach unten auf. Nehmen Sie Ihr Pendelinstrument und fragen Sie es nach der richtigen Botschaft für Sie für diesen Tag. Dies kann als Stärkung oder Rat dienen oder auch als Anwort auf eine bestimmte Frage.

Pendeln Sie nacheinander über jeder Karte, bis Sie jene finden, auf die Ihr Pendel positiv reagiert. Drehen Sie diese Karte um und meditieren Sie dazu. Häufig wird mehr als eine Karte als richtig angezeigt. Nehmen Sie sich in diesem Fall Zeit und arbeiten Sie sich nacheinander durch diese Karten, wobei Sie achtsam bleiben für Antworten auf Ihre Fragen.

## MIT DEN BOTSCHAFTSKARTEN TRÄUMEN

NEHMEN SIE EINE BOTSCHAFT und wiederholen Sie sie für sich, bevor Sie zu Bett gehen. Visualisieren Sie Ihren Lieblingsengel, der Ihnen diese Nachricht übermittelt. Sie hilft Ihnen, sich zu entspannen und mit einer positiven Einstellung einzuschlafen. Es macht Sie außerdem offen für persönlichen Kontakt mit Ihren Engeln, während Sie sich in der Traumphase befinden.

Wenn Sie eine Frage an Ihre Engel haben, meditieren Sie und gestatten Sie sich selbst, die Antwort im Traum zu empfangen. Vielleicht lässt die Antwort einige Zeit oder sogar Wochen auf sich warten. Legen Sie ein Notizbuch an Ihr Bett, in dem Sie Ihre Träume notieren. Auch wenn Sie es nicht sofort erkennen, kann über mehrere Nächte hinweg ein Muster entstehen, das insgesamt Ihre Antwort ergibt.

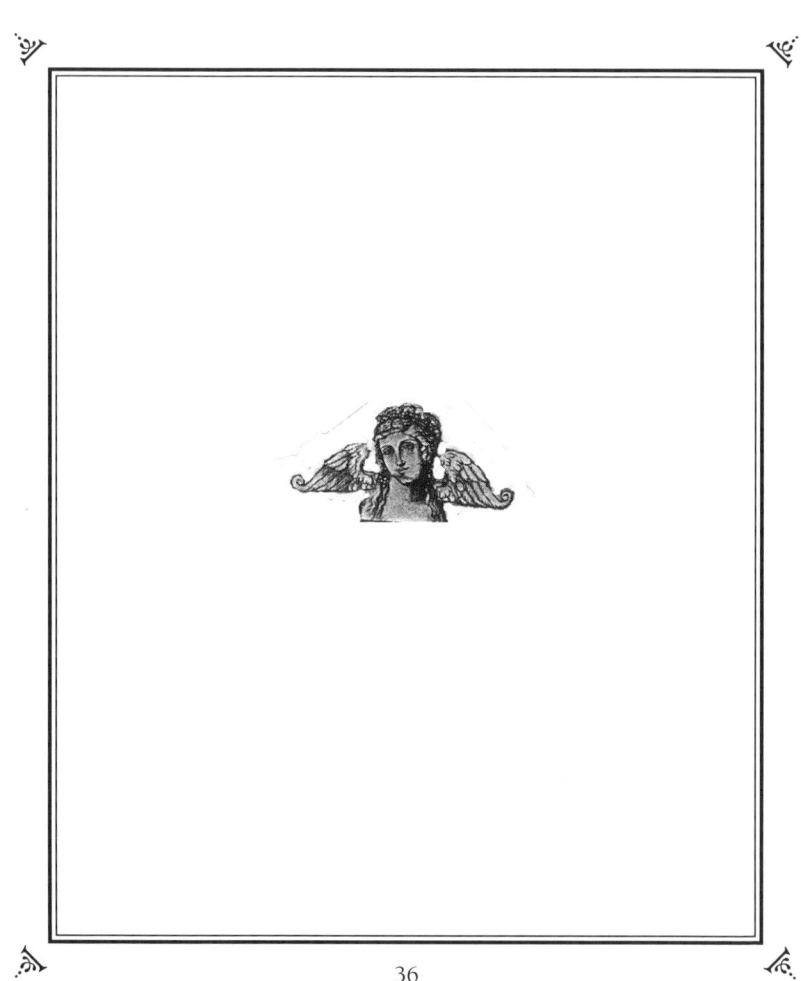

# KAPITEL DREI

## DIE BOTSCHAFTEN

DIE BOTSCHAFTEN AUF den Karten helfen Ihnen, mit den Engeln Kontakt aufzunehmen und ein höheres spirituelles Bewusstsein zu entwickeln. Für das Kartenlesen können Sie für einen allgemeinen Überblick alle 52 Karten einsetzen oder, für spezifischere Probleme, ein Farbset auswählen.

Die vier Sets sind farblich gekennzeichnet, damit sie einfach zu verwenden sind, wobei jede Farbe für einen Lebensbereich steht. Legen Sie die Karten wie in Kapitel zwei beschrieben auf und lesen Sie die Botschaften, die Ihre Engeln übermitteln. Schlagen Sie dann hier die detaillierte Interpretation der Botschaft nach.

Hier folgt eine kurze Zusammenfassung der Sets und der Bedeutung der einzelnen Karten, die durchnummeriert sind. Der lila Kartensatz beschäftigt sich mit Ihrem spirituellen Leben. Die Botschaften leiten Sie auf Ihrer Reise, stärken und unterstützen Sie. Die rosa Karten geben Ihnen Rat bei allen Aspekten der Liebe und persönlichen Beziehungen. Gesundheitsfragen, sowohl persönliche als auch universelle, können mit den blaugrünen Karten angesprochen werden. Nützen Sie sie, um heilende Energien für physische und emotionale Aufgaben zu kanalisieren und sich in den Rhythmus der Erde einzustimmen. Verwenden Sie die gelben Karten, um Ihr kreatives Potenzial zu erfüllen und für berufliche Fragen.

# LILA SATZ

**1**

AN DIESEM PUNKT IN IHREM LEBEN SIND SIE DA, WO SIE SEIN SOLLTEN. IHR LEBEN IST EIN BEREITS GESCHRIEBENES BUCH.

WIR ALLE LERNEN ständig auf unserer Reise, wobei jedes Leben ein neues Kapitel im Buch des letzten Zieles unserer Seele darstellt. Es ist bereits vorherbestimmt, was wir im gegenwärtigen Leben auf Erden zu erfahren gewählt haben. Unsere Engel stehen uns hilfreich zur Seite und leiten uns, als Verbindung zwischen unserem jetzigen Leben und unserem höheren Selbst.

**2**

HALTEN SIE INNE, FÜHLEN SIE DIE ESSENZ DES LEBENS UND BESTAUNEN SIE DIESES WUNDER.

WIR ALLE MÜSSEN innehalten, um das Wunder des Seins zu würdigen. Setzen Sie sich kurz und denken Sie über das Wunder des Lebens nach – werden Sie sich des Atmens bewusst, fühlen Sie Ihr Herz schlagen, sehen Sie Ihre Hände und Fingerspitzen an – Sie leben, und jeder von uns legt Zeugnis ab für die Schöpfung.

### 3

HÖREN UND LERNEN SIE, SICH EINZUSTIMMEN.
IHRE SEELE IST DER WICHTIGSTE TEIL IHRES SEINS.

UNSER PHYSISCHER KÖRPER ist nur die Hülle für den wichtigsten Teil unseres Seins – unsere Seele. Indem Sie diese Karten als Werkzeuge benutzen, werden Sie lernen, sich mit Ihrer Seele zu verbinden und am kollektiven Bewusstsein der Menschheit teilzuhaben. Sie werden zu den Sphären der Engel schweben, wo Sie mehr Wissen finden werden, als Sie je vermutet hätten.

### 4

STRECKEN SIE EINE HAND AUS, UM AM
SEHERISCHEN RAT TEILZUHABEN.

MACHEN SIE DEN ERSTEN SCHRITT, indem Sie lernen, sich auf Ihr inneres Selbst einzustimmen, um die Engel erreichen zu können.

WENN SIE DIESEN WEG BESCHRITTEN HABEN, werden Sie lernen, sich zu öffnen und Engelsbotschaften von Liebe, Hoffnung und Güte zu akzeptieren, die Sie umgeben und schützen.

## 5

DIE GEGENWART IST DER ORT, AN DEM SIE SEIN
SOLLTEN. DAS MORGEN GEHÖRT DER ZUKUNFT
UND DIE VERGANGENHEIT IST VERGANGEN.

DIE VERGANGENHEIT IST FÜR IMMER VORBEI und kann nicht geändert werden. Vergeben Sie sich selbst und anderen. Leben Sie für ein positives, wunderbares Jetzt. Was Sie heute lernen, kann morgen sinnvoll verwendet werden. Heute ist der erste Tag vom Rest Ihres Lebens: Packen Sie es an, jeder Moment ist kostbar.

## 6

IHRE ENGEL HÖREN SIE UND LAUSCHEN –
SIE AUCH?

IHRE ENGEL HÖREN UND SEHEN alles, was Sie tun – erlauben Sie ihnen, Teil Ihres Lebens zu werden, indem Sie sie einladen, intensiv mit Ihnen zu kommunizieren. Nehmen Sie sich Zeit, entspannen Sie sich und öffnen Sie Ihren Geist – hören Sie sie! Sie warten darauf, dass Sie sie anrufen.

## 7

ENGELSBOTSCHAFTEN WERDEN STETS GEHÖRT,
WENN DIE ZEIT REIF IST. ÖFFNEN SIE IHR HERZ
UND SIE WERDEN SIE HÖREN.

WENN DIE ZEIT REIF IST, werden Ihre Engel mit Ihnen kommunizieren und es gibt nichts, was sie aufhalten könnte. Sie sind bereits auf dem Weg zu dieser wunderbaren Erfahrung, denn aus diesem Grund lesen Sie diese Botschaften. Sehen Sie jeden Moment als etwas Einzigartiges und Wertvolles und leben Sie mit sich und der Welt in Frieden.

## 8

DAS DRITTE JAHRTAUSEND IST EIN NEUES
SPIRITUELLES ZEITALTER. WERDEN SIE TEIL
DAVON, INDEM SIE OFFEN SIND. LASSEN SIE IHRE
GEFÜHLE VON FREUDE UND LICHT FLIESSEN.

SPÜREN SIE NICHT dieses „Summen", weil sich immer mehr Menschen für Spirituelles interessieren? Die Bewegung gewinnt an Schwingung, weil die Menschen auf höherem spirituellen Niveau kommunizieren und sich mit einem höheren Bewusstsein verbinden. Ihre Botschaftskarten steigern Ihre spirituellen Fähigkeiten durch Kommunikation mit dem Reich der Engel und ermutigen Ihre Engel, Sie mit Freude, Liebe und Glückseligkeit zu erfüllen. Finden Sie Ihren eigenen spirituellen Pfad, helfen Sie anderen.

### 9

ZWISCHEN DER ERDE UND DER SPIRITUELLEN WELT HEBEN SICH DIE NEBEL – BEFREIEN SIE SICH VON ALTEM UND GENIESSEN SIE DAS GEFÜHL, DASS GEISTESWESEN SICH DURCH SIE AUSTAUSCHEN.

DIE GANZE WELT jubelt über eine spirituelle Revolution. Sie sind ein wichtiger Teil davon. Befreien Sie sich von Althergebrachtem und öffnen Sie sich neuen Wegen. Ihre Engel wollen sich mit Ihnen unterhalten und Sie bei allem, was Sie tun, unterstützen. Öffnen Sie sich innerem Frieden, Balance, Freude und Harmonie und fühlen Sie die Liebe der Engel rund herum.

### 10

GEBURT KÜNDET VOM BEGINN DES ABENTEUERS EINER NEUEN SEELE AUF ERDEN. DER SCHUTZENGEL EINES BABYS GELEITET ES DURCH DIE FALLEN DES LEBENS UND DARÜBER HINAUS.

BEI UNSERER GEBURT vergisst unsere Seele sofort alles Wissen, das sie sich in früheren Existenzen angeeignet hat: Sie ist hilflos. Jeder hat seinen eigenen Schutzengel, der ihm zur Seite steht, vom Tag seiner Geburt an bis zum Tag seines Todes – und darüber hinaus.

## 11

DIE MENSCHHEIT STEHT VOR EINER NEUEN PHASE DER EVOLUTION – FÜHLEN SIE DIE ENERGIE DES UNIVERSUMS UND KOMMUNIZIEREN SIE MIT ANDEREN AUF SPIRITUELLEM NIVEAU.

SIE KÖNNEN DIE AUFREGUNG und Energie am Beginn dieser neuen Phase der menschlichen Evolution spüren, wenn mehr und mehr Menschen erkennen, wie sie mit dem höheren Bewusstsein kommunizieren können. Wir sehen, dass wir uns vom gewöhnlichen geistigen Niveau – Sorgen über Geld, Karriere, Gesundheit und Beziehungen – zu einer neuen Dimension des Denkens weiterentwickeln können.

## 12

ENDLICH KÖNNEN SIE MIT IHREM SCHUTZENGEL KOMMUNIZIEREN. EHREN SIE DAS WISSEN UND BLEIBEN SIE OFFEN FÜR DIE FREUDE.

ÖFFNEN SIE SICH für die Frequenz der spirituellen Kommunikation und erfahren Sie das erstaunliche Wissen von Liebe, Harmonie und Freude, das Ihr Schutzengel Ihnen schenken möchte. Schließlich werden Sie die wahre Bedeutung von innerem Frieden erkennen. Jubeln Sie und freuen Sie sich auf den Rest Ihres Lebens – Sie sind über alle Maßen gesegnet.

### 13

LAUSCHEN SIE DEN ENGELHAFTEN HARMONIEN,
DIE DURCH DIE SOMMERABENDE SCHWEBEN.

HALTEN SIE INNE, um entspannt einen schönen Sommerabend zu genießen. Öffnen Sie sich und lauschen Sie! Engelsmelodien sind da, um von allen gehört zu werden, doch nur eine besondere Person kann sich den himmlischen Schwingungen öffnen und in ihre Schönheit eintauchen. Sie sind bereit – genießen Sie.

# ROSA SATZ

### 14

AN IHRER SEITE IST EIN ENGEL, UM SIE DURCH
DAS LABYRINTH DES LEBENS ZU GELEITEN.

IHR SCHUTZENGEL IST stets bei Ihnen, um Sie zu beschützen und durch die Gezeiten des Lebens zu geleiten.

WENN SIE LERNEN, Kontakt aufzunehmen, werden Sie die zarte Energie spüren, die Sie durchfließt, und bedingungslose Liebe für das Universum empfinden.

## 15

### ÖFFNEN SIE IHR HERZ UND LASSEN SIE SICH VON ENGELN DURCH IHR LEBEN GELEITEN.

ZEIT EXISTIERT NICHT in den Sphären der Engel, da alle Zeit parallel ist. Alle Meilensteine in Ihrer gegenwärtigen physischen Existenz sind vorherbestimmt. Ihr Schutzengel ist stets bei Ihnen. Jetzt ist der Moment gekommen, sich seiner bewusst zu werden und sich seiner sanften, nährenden Energie zu öffnen, die sich in Ihnen zu Liebe und Güte entfalten wird.

## 16

### LASSEN SIE IHRE ENGEL IN FRIEDEN UND HARMONIE BEI IHNEN SEIN.

IHRE ENGEL SIND STETS mit Ihnen. Nun ist die Zeit gekommen, die Verbindung mit ihnen zu öffnen, damit Sie sich ihrer Liebe und Harmonie völlig bewusst werden. Ihre Engel verbinden Sie mit spirituellen Energien, damit Liebe und Fürsorge Teil Ihrer Norm werden. Lassen Sie die Energie vollständig durch Ihren Körper vibrieren und jede Faser Ihres Geistes, Ihres Körpers und Ihrer Seele erfüllen.

45

IHR SCHUTZENGEL SCHÄTZT UND LIEBT SIE UM
IHRER SELBST WILLEN. SIE SIND GROSSARTIG.

IHR SCHUTZENGEL WIRD Sie immer als der lieben, der Sie sind. Es wird Zeit, dass auch Sie lernen, sich selbst zu lieben. Sie sind einzigartig und besonders. Feiern Sie Ihr Leben und genießen Sie jeden Moment.

**18**

IHR ENGEL UMARMT SIE, WENN SIE EINSAM SIND
– ENGEL LIEBEN SIE, WIE SIE SIND!

FÜHLEN SIE SICH EINSAM, so bedenken Sie, dass Sie nicht allein sind! Ihre Engel sind stets bei Ihnen und möchten Sie mit Liebe und Harmonie erfüllen. Engel lieben Sie bedingungslos, wie Sie sind. Sie sind toll und Ihr Leben wird immer besser werden.

### 19

WIE EIN REGENTROPFEN TEIL EINES FLUSSES
WIRD, SO WERDEN SIE TEIL DER UNIVERSELLEN
FREUDE – SIE WIRD JEDEN TAG STÄRKER.

INDEM SIE SICH MIT dem universellen Bewusstsein verbinden und
seine Energie einlassen, lernen Sie die Freude und die Liebe kennen, die Sie erfüllt, wenn Sie Teil davon sind. Wir leben in der
spannendsten Ära der spirituellen Expansion der Menschheit,
weil sich immer mehr Menschen mit der Energie verbinden.

### 20

IHR SCHUTZENGEL WIRD IHRE SEELE
MIT LIEBE UND FREUDE NÄHREN.

WENN WIR LERNEN, uns mit Engeln zu verbinden, werden sie
uns lehren, wie wir uns mit unserem höheren Selbst verbinden –
jener Aspekt von uns, der Gott am nächsten ist. Wenn wir diese
Energie mit Hilfe unserer Engel kanalisieren, werden wir wahre
Liebe und Freude erfahren, die ganz Teil des Universums sind.

## 21

 AKZEPTIEREN SIE DIE GABEN DES UNIVERSUMS.
ERBLÜHEN SIE IM WISSEN WIE EINE ROTE ROSE.

AN DIESEM ZEITPUNKT in Ihrem Leben sind Sie bereit, Teil des universellen Bewusstseins zu werden. Verbinden Sie sich mit seinen Energien und lassen Sie Ihr Sein davon durchdringen. Sie werden die Liebe und die heilenden Eigenschaften in sich wachsen spüren und Sie können sie an andere weitergeben. Spüren Sie diese allumfassende Energie und bestaunen Sie dieses Wunder!

## 22

FÜHLEN SIE SICH MIT IHREN PROBLEMEN NIE
ALLEIN – IHR ENGEL IST MIT IHNEN UND HILFT
IHNEN, DEN BERG DES LEBENS ZU ERKLIMMEN.

MANCHMAL GLAUBEN SIE VIELLEICHT, dass niemand Ihnen hilft oder die emotionalen Wirren versteht, die Sie durchlaufen, und jeder Schritt ist wie das Erklimmen eines steilen Berges. Fassen Sie Mut – Ihr Schutzengel ist immer bei Ihnen, zieht Sie weiter, wenn Sie stolpern oder sich zu müde zum Weitermachen fühlen. Laden Sie Ihren himmlischen Helfer endlich in Ihr Leben ein!

## 23

### GEBEN SIE STETS LIEBE. HIMMLISCHES STREBEN FÜHRT ZU HIMMLISCHEN AKTIONEN.

SPÜREN SIE DIE LIEBE des Universums und lassen Sie sie durch Ihr gesamtes Wesen strahlen. Öffnen Sie Ihr Herz; lassen Sie die Liebe frei fließen, sodass andere Sie auch lieben können. Sie sind ein Gefäß, in dem universelle Harmonie und Liebe überlaufen.

## 24

### HALTEN SIE INNE, UM DEN SCHLAG DER ENGELSFLÜGEL IN DER WIRBELNDEN ENERGIE ZU SPÜREN.

ALLES IN IHREM LEBEN IST GUT. Öffnen Sie sich den Schwingungen der Engel und seien Sie sich der reinen liebenden Energie um Sie stets bewusst. Lassen Sie Freude Ihre wildesten Träume durchdringen und umarmen Sie die Kraft und die grenzenlose Liebe Ihrer Engel. Akzeptieren Sie Glück und Frieden als Ihre Rechte.

## 25

### SPÜREN SIE DIE LIEBE, WÄHREND SIE DIE FLÜGEL IHRES ENGELS DURCH DAS LEBEN WIEGEN!

WENN SIE IHRE ENERGIEN in das Reich der Engel aussenden, kann Ihr Schutzengel schließlich mit Ihnen kommunizieren. In diesem Moment werden Sie sich in Engelsflügel eingehüllt fühlen, die Sie kräftig umarmen. Akzeptieren Sie die Liebe des Universums und lernen Sie, sich selbst zu lieben – Sie sind wunderbar und einzigartig.

## 26

### DIES IST IHR LEBEN, NICHT DAS EINES ANDEREN. FASSEN SIE MUT, ZU LIEBEN UND DER WELT IN DIE AUGEN ZU BLICKEN.

SIE SIND EIN EIGENSTÄNDIGER MENSCH und niemand kennt Sie besser als Sie selbst. Menschen können gerne Rat geben, doch hören Sie auf Ihre Intuition. Sie sind die einzige Person, die bestimmte Entscheidungen treffen und sie als für Sie richtig beurteilen kann. Befreien Sie sich von zerstörerischen Selbstzweifeln, leben Sie. Sie werden geliebt und sind in Sicherheit.

## Seien Sie sich der Liebe der Engel bewusst – sie ist bedingungslos und fordert nichts!

Wenn Sie Liebe von anderen ersehnen, wollen diese meistens sofort Liebe zurück. Doch die Liebe, die Sie von Ihrem Schutzengel erhalten, ist immer ohne Bedingungen, völlig spontan und himmlisch.

## Wenn Sie lernen zu leben und zu lieben, werden Sie wachsen und aufblühen!

Wenn sie beginnen, nach dem wahren Sinn des Lebens zu fragen und ihn wichtig zu nehmen, so werden Sie auch alles andere wichtiger nehmen. Denken Sie in Ruhe über das Wunder des Lebens nach: Liebe und Freude werden wie von selbst kommen.

Öffnen Sie Ihr Herz, damit die Liebe der Engel frei zu Ihnen und anderen fließen kann, und Sie werden wieder geliebt werden.

# GRÜNBLAUER SATZ

### 29

GEHEN SIE SANFT MIT MUTTER ERDE UM UND
LASSEN SIE DIE ENGEL IHREN SPUREN FOLGEN!

WIR HABEN ERKANNT, wie viel Schaden auf der Erde angerichtet wurde. Es liegt in der Verantwortung jedes Einzelnen zu versuchen, den Planeten zu heilen. Engel werden uns dabei ermutigen und unterstützen, doch die Arbeit müssen wir selbst tun.

### 30

BETEN SIE UND ERÖFFNEN SIE SICH DURCH
KOMMUNIKATION MIT IHREN ENGELN NEUES,
UNERFORSCHTES WISSEN.

DIESE BOTSCHAFTEN SIND Werkzeuge, durch welche die Engel die Menschheit ermutigen, Kommunikationswege mit den höheren spirituellen Sphären zu erforschen. Indem wir die Liebe und Energie nützen, die unseren irdischen Körper durchfließen werden, können wir die Liebe in uns verstärken und an andere weitergeben. Was Sie geben, werden Sie empfangen. Die Energie, die in unsere Körper eintritt, wirkt auch stark heilend und kann daher eingesetzt werden, um anderen zu helfen und Schäden an der Erde zu heilen. Allein die Tatsache, dass Sie diese Karte lesen, zeigt, dass Sie dabei sind, Ihren Wissensbereich zu verändern!

## 31

VERTRAUEN SIE IHREM ENGEL, ER GELEITET SIE
DURCH DIE TORE DES WISSENS.

WENN WIR LERNEN, mit unseren Engeln zu kommunizieren,
beginnen wir, auf Ihre Führung zu hören und zu vertrauen.

WORAN ERKENNEN SIE, dass Sie die Stimme Ihres Engels hören?
Sie ist voller Liebe und Mitgefühl – lauschen Sie.

DIE WEISHEIT DER ENGEL wird Sie durchfließen und Ihnen eine
starke Intuition verleihen. Sie öffnet die Türen zu Wissen jenseits Ihrer bisherigen Begrenzungen.

## 32

BEFREIEN SIE SICH VON SCHULD,
SETZEN SIE IHR LEBEN FORT.

SIE KÖNNEN NICHT UNGESCHEHEN MACHEN, was Sie getan haben,
auch wenn Sie versuchen können, den Schaden zu reparieren.
Vergeben Sie sich selbst und anderen. Schuld erfüllt Sie mit Pein.
Was vergangen ist, ist vergangen. Durch Ihre Erfahrung können
Sie ein besserer, gefühlvollerer und liebenderer Mensch werden.

## 33

ENGEL FÜTTERN SIE MIT LIEBE UND WEISHEIT,
DOCH VORHER MÜSSEN SIE LERNEN ZU ESSEN!

SIE MÜSSEN LERNEN, Ihrer Kommunikation mit Engeln zu vertrauen. Lernen Sie, sich auf deren Botschaften einzustimmen, was einfach gesteigerte Intuition bedeuten kann. Wenn Sie daran gewöhnt sind, intuitiver zu sein, mag die Welt langweilig und farblos ohne aussehen – etwa, wenn Sie krank sind. Botschaften von Engel zu hören wird ein normaler Teil Ihres Lebens werden, doch Sie müssen auf sie hören, bevor Sie sie genießen können.

## 34

WENN SIE SICH VON FREUNDEN VERLETZT
FÜHLEN, ZIEHEN SIE WEITER – VERLASSEN SIE SIE
UND VERFOLGEN SIE WEITER IHR ZIEL. NEUE
MENSCHEN WERDEN IN IHR LEBEN TRETEN.

JEDE PERSON, DIE IHNEN im Leben begegnet, ist dazu bestimmt. Jene, die nicht mehr Ihre Freunde sind, haben keinen Platz mehr in Ihrem Leben, ziehen Sie also weiter. Seien Sie kein Gefangener der Vergangenheit. Es gibt noch viele Menschen, deren Wege dazu bestimmt sind, sich in der Zukunft mit Ihrem zu kreuzen.

## 35

SIE SIND EIN OFFENER KANAL ZU HÖHEREM,
UNIVERSELLEM WISSEN – FÜHLEN SIE DIE
ENERGIE WIE DIE FRISCHE EINES WASSERFALLS.
IHR SCHUTZENGEL WIRD SIE SCHÜTZEN UND ZU
IHRER BESTIMMUNG GELEITEN!

IHR NEUES BEWUSSTSEIN wird Sie durchströmen, während Sie sich
entwickeln und sich neue Dimensionen eröffnen. Sie sind nun Teil
der grenzenlosen Welt von Liebe, Freude und Wissen, mit denen
Ihre Engel Sie überhäufen wollen. Setzen Sie Ihr Leben fort und
begrüßen Sie jede Chance mit offenen Armen. Freuen Sie sich
über jede neue Erfahrung und jedes neue Gefühl. Durch Schutz
und Geleit der Engel wird Ihr Leben wunderbar sein.

## 36

WIR ALLE BESITZEN SPIRITUELLE ENERGIE. ES IST
AN IHNEN, IHRE FLAMME ZU ENTZÜNDEN.

WIR ALLE HABEN DIE FÄHIGKEIT, uns auf unsere innere spirituelle Energie einzustimmen, doch nur wenige wissen, sie zu verwenden. Es ist an der Zeit, die Flamme in Ihnen zu entzünden.
Wenn Sie diese wunderbare Reise einmal begonnen haben, wird
es leicht sein, die großartige Kraft des Engelreichs in Notzeiten
anzuzapfen und damit sich selbst und anderen zu helfen.

### 37

KÄMPFEN SIE UND BEZIEHEN SIE KRAFT AUS ALLEM RUND UM SICH. DENKEN SIE DARAN, IHRE ENGEL SIND IHRE ARMEE.

DIE ZEIT IST REIF DAFÜR, dass Sie aufstehen und für das, woran Sie glauben, kämpfen. Ein höheres Bewusstsein wird Ihnen die Kraft dazu geben, also fragen Sie nur danach. Bedenken Sie, Sie sind von Engeln umgeben, die Sie stets mit Energie, positiver Einstellung und Freude versorgen. Sie sind Ihre unsichtbare Armee, die immer an Ihrer Seite kämpfen wird.

### 38

IHRE INTUITION VERBINDET SIE MIT IHREM SCHUTZENGEL UND IHREN BEGLEITERN. LERNEN SIE, SIE EINZUSETZEN, UND SIE WIRD HELL WIE DIE SONNE STRAHLEN.

ETWAS WUNDERVOLLES wird Ihnen geschehen! Sie entwickeln sich spirituell und sehen die Welt mit einem neuen, höheren Bewusstsein. Dank dieser erneuerten Spiritualität sind Sie nun ein erleuchtetes Wesen, ermächtigt, das Beste aus Ihrem Leben zu machen. Ihre Engel und Begleiter wollen, dass Sie ihre Energien einspannen, um zu Ihrem rechtmäßigen Ziel zu gelangen.

## 39

DAS LEBEN KANN SCHWIERIG UND TRAURIG SEIN
– DOCH IHRE ENGEL WERDEN STETS DA SEIN, UM
IHNEN ALS STÄNDIGE BEGLEITER DURCH DIE
SCHLECHTEN ZEITEN ZU HELFEN.

DAS LEBEN IST NICHT EINFACH, es gibt Höhen und Tiefen. Wenn
Sie sich niedergeschlagen und verwundbar fühlen, ist Ihr Engel
stets da und wartet darauf, dass Sie seine heilende Energie fühlen
und teilen. Werfen Sie die negativen Gedanken ab und spüren
Sie, wie Ihr Engel Sie in seine Flügel hüllt, um Sie zu hätscheln.
Fühlen Sie Liebe, Stärke und Schutz.

## 40

IHR SCHUTZENGEL WIRD SIE NIEMALS IM STICH
LASSEN. ER WIRD SEIN SEIDENES NETZ DER LIEBE
FEST UM SIE WEBEN.

SEIEN SIE SICH BEWUSST, dass Ihr Schutzengel immer bei Ihnen
ist. Wenn Sie sich einsam fühlen, geben Sie Ihrem Schutzengel
die Hand, damit er Sie zur Glückseligkeit führt, die von den
himmlischen Sphären ausgeht. Er ist stets da, ermutigt und leitet
Sie, damit Sie die Präsenz der Engel wie ein seidenes Netz der
Liebe spüren, das dicht um jeden Teil Ihres Wesens gewebt ist.
Spüren Sie die Lebensfreude, Sie sind einzigartig und wunderbar!

### 41

SIND SIE GLÜCKLICH, SO GENIESSEN SIE JEDEN
MOMENT, DAMIT SIE VON DER ERINNERUNG
ZEHREN KÖNNEN, WENN SIE TRAURIG SIND.

DIE ENGEL LEHREN UNS, dass wir unsere eigene Realität schaffen.
Es ist wunderbar, glücklich zu sein. Wir müssen diese Momente
genießen, damit wir uns in schlechten Zeiten erinnern, dass es so
vieles im Leben gibt, wofür wir dankbar sein können, und dass
unsere Traurigkeit bald vorüber sein wird. Durch die Engel werden Sie die Bedeutung der verschiedenen Erfahrungen verstehen,
während Sie zu Ihrer glorreichen Zukunft voranschreiten.

### 42

ENTSPANNEN SIE SICH UND NEHMEN SIE IHRE
ENGEL UND BEGLEITER AN. SPÜREN SIE DIE
LIEBE WIE PLÄTSCHERNDE WELLEN AM STRAND.
SIE SIND MIT PROBLEMEN NIE ALLEIN.

IHRE ENGEL UND BEGLEITER umgeben Sie ständig mit Harmonie
und Freude. Es liegt an Ihnen, Sie einzulassen. Wie die Wellen
am Strand sich endlos überschlagen, so ist auch die Unterstützung, der Schutz und die Liebe stets um Sie. Ihre Engel und Begleiter sind immer mit Ihnen, durch dick und dünn, in guten wie
in schlechten Zeiten – sie werden Sie niemals im Stich lassen.

# GELBER SATZ

## 43

### SCHUTZENGEL UND BEGLEITER GELEITEN SIE AUF IHRER REISE DURCH DAS LEBEN.

IHR SCHUTZENGEL IST STETS bei Ihnen, vom Tag Ihrer Zeugung an bis zu Ihrem physischen Tod und darüber hinaus, zu den höheren Sphären. Wenn Sie einmal in Kontakt getreten sind, werden sich die Dimensionen verschieben. Wir alle besitzen unsere spirituellen Begleiter, die darauf brennen, ihre heilenden Energien durch uns zu senden. Es ist an Ihnen, sie einzulassen.

## 44

### DIE LINIEN IN IHREM GESICHT SIND WIE EINE KARTE IHRES WISSENS VOM LEBEN – BEDENKEN SIE, WIE HILFLOS SIE OHNE SIE WÄREN!

WEISHEIT KOMMT MIT DEM ALTER. Wir alle sammeln Wissen auf unserer Reise durch das Leben. Bedenken Sie, was Sie heute wissen und wie wenig Sie wussten, als Sie jung waren. Während das Fortschreiten der Menschheit in das spirituelle Bewusstsein wächst und die Kommunikation mit den Engeln zunimmt, obliegt es Ihnen, Ihr Wissen weiterzugeben, sodass andere folgen können.

### 45

LAUSCHEN SIE AUF DIE WEISHEIT IHRES ENGELS,
UM ZUVERSICHT BEI ALLEN HANDLUNGEN UND
KRISTALLKLARES DENKEN ZU ERLANGEN.

INDEM SIE SICH MIT IHREM ENGEL verbinden, werden Sie auf einer anderen Ebene leben und arbeiten. Sie werden nicht mehr nur auf Ihren physischen emotionalen Zustand reduziert sein, sondern können nun auch die höheren Dimensionen um Liebe und Rat anrufen. Ihr Schutzengel ist stets da, doch nun ist die Zeit gekommen, die Worte der Weisheit mit kristallener Klarheit zu hören.

### 46

ÖFFNEN SIE SICH UND LASSEN SIE LIEBE UND
KREATIVITÄT WACHSEN WIE KOSTBARE FRÜCHTE.

ACHTEN SIE DARAUF, dass Sie die Botschaften der Engel durch sich hindurchfließen lassen. Gestatten Sie sich selbst, die wunderbare Liebe zu erfahren, die Sie umgibt und die Sie an andere weitergeben können, während sie Ihr Sein durchdringt.

WENN SIE SICH MIT Ihrem inneren Selbst verbinden, werden große Ideen voller Kreativität Sie durchfließen - auch wenn Sie sich manchmal wundern, woher dieser tolle Einfall stammt.

STELLEN SIE SICH IHRE ENGEL UND BEGLEITER
ALS IHRE SCHATTEN VOR – IMMER DA UND
IHNEN IMMER EINEN SCHRITT VORAUS.

DA IHRE ENGEL UND BEGLEITER in einem zeitlosen Zustand leben, sehen sie Ihr Leben wie eine Landkarte vor sich. Sie wissen, welche neuen Erfahrungen vor Ihnen liegen und helfen Ihnen, sie offen aufzunehmen – vertrauen Sie darauf, dass sie Ihnen helfen, Ihre Ziele zu erreichen und Ihr Leben wunderbar zu machen.

### 48

LEBENSENTSCHEIDUNGEN LEHREN SIE LEBENS-
LEKTIONEN. LERNEN SIE SIE UND DER SCHLÜSSEL
ZUM VERSTEHEN IST IN GREIFBARER NÄHE.

BEI JEDER ENTSCHEIDUNG haben Sie die Freiheit der Wahl – es ist menschlich, manchmal die falsche zu treffen. An diesen Fehlern können Sie lernen, wachsen und gedeihen, wenn Sie dies möchten. Die Entscheidung liegt bei Ihnen.

## 49

HABEN SIE MITGEFÜHL MIT DENEN, DIE NOCH
NICHT GELERNT HABEN, MIT DEN HÖHEREN
EBENEN DER EXISTENZ ZU SPRECHEN – FÜR SIE IST
DAS LEBEN SCHWARZ UND WEISS, NICHT BUNT!

NUN, WO SIE SICH auf die höheren Ebenen der Existenz einstimmen, werden Sie feststellen, dass sich Ihre Intuition und Kreativität automatisch steigern und dass Sie sich auf die Menschen rund um Sie einstimmen können. Verwenden Sie diese Gaben mit Bedacht und setzen Sie Karriere, Leben und Beziehungen fort.

## 50

NICHT JEDER KANN SOFORT SEINEN ENGEL SEHEN.
SPRENGEN SIE IHRE KETTEN, ÖFFNEN SIE SICH
SPIRITUELL UND IHR ENGEL WIRD BEI IHNEN SEIN.

ENGEL KONTAKTIEREN UNS auf viele Arten. Vielleicht sehen Sie Ihren Engel nicht, doch Sie hören seine Worte, fühlen seine Schwingungen, hören Engelsmelodien oder Sie sehen und empfinden Dinge auf völlig neue Weise. Die Zeit ist reif dafür, dass Engel in Ihr Leben treten. Befreien Sie sich von Konventionen, erforschen Sie die Alternativrealität der Freude, Liebe, Zuversicht, Kreativität, Inspiration und Erfüllung. Sie haben die Wahl!

## 51

IHRE ENGEL WERDEN SICH MIT IHNEN ÜBER GUTE NACHRICHTEN FREUEN. DOCH SIE SCHÜTZEN, LIEBEN UND LEITEN SIE AUCH BEI SCHLECHTEN NEUIGKEITEN.

Es ist leicht, sich gemeinsam zu freuen – Ihre Engel sind stets bei Ihnen, um Freude und Glück mit Ihnen zu teilen. Wenn sich die Dinge zum Schlechten wenden, werden sich Ihre Engel noch mehr bemühen, Licht in Ihre dunkelsten Stunden zu bringen. Sie werden Ihnen zeigen, dass die Dinge nur besser werden können, und Ihr Vertrauen in die menschliche Natur wiederherstellen.

## 52

DIE WEGE DES LEBENS TEILEN SICH STÄNDIG – WÄHLEN SIE IHREN WEG SORGFÄLTIG – IHR ENGEL WIRD STETS MIT IHNEN GEHEN.

Auch wenn die Lektionen, die Sie in diesem Leben lernen, vorherbestimmt sind, ist der Weg dazu nicht unbedingt gerade. Sie können wählen und Entscheidungen fällen und oft werden Sie im Nachhinein feststellen, dass der Pfad, den Sie gewählt haben, vielleicht nicht der beste ist. Doch welche Richtung Sie auch einschlagen, wie schlimm die Dinge manchmal auch scheinen mögen, Ihr Schutzengel wird stets bei Ihnen sein und Sie niemals im Stich lassen. Streben Sie vorwärts und ständig weiter.

# DANKSAGUNG

ICH MÖCHTE meiner Mutter Lily und meinem verstorbenen Vater Sidney Abraham Pepper danken, weil sie mich inspiriert und zum Diskurs mit den Sphären der Engel ermutigt haben; Jeffrey, Nicole, Simone und Alexis Lampert für all ihre Unterstützung und weil sie für mich da waren; Chelsey Fox für die Begleitung durch den Prozess der Buchwerdung; allen bei CIMA Books, besonders Cindy Richards für ihre Unterstützung und Liz Dean, weil sie eine fantastische Herausgeberin ist; und zuletzt, aber nicht zu vergessen, Emma Garner für die erstaunlichen Illustrationen, die diese Botschaften lebendig gemacht haben.